AF359020

# MEMOIRE
## SUR
## NEUFCHASTEL.

ES differens écrits qu'on répand dans le Public fur la fucceffion future de fon Alteffe Sereniffime Madame la Ducheffe de Nemours, au fujet de la Souveraineté de Neufchaftel & de Valengin font connoiftre l'extrême impatience des perfonnes qui afpirent fans titre & fans droit legitime à cette Souveraineté aprés fon decés.

Ces Memoires reprefentent aux Sujets de cet Eftat dans une veuë trop prochaine, l'objet funefte de leur malheur par la perte de leur Princeffe Souveraine, qu'ils ne peuvent regarder, felon les mouvemens de leur cœur, & fuivant leurs interefts mefme, que dans une veuë infiniment plus éloignée.

Mais il eft difficile que ces differens libels ne donnent quelque indignation contre la conduite intereffée de ces Contendans à la Souveraineté de Neufchaftel, qui devorent par des efperances precipitées, & par des defirs trop impatiens, la fucceffion d'une Princeffe vivante, contre toutes les Loix divines & humaines.

Les Sujets de Neufchaftel & de Valengin ont du moins cette fatisfaction, malgré les frayeurs dont on leur veut faire éprouver avant le temps toute la rigueur, que leur Princeffe eft au deffus de toutes ces craintes qui ébranlent fouvent d'autres perfonnes moins conftantes; parce que la force de fon efprit & de fa conftitution, & le don de fermeté que Dieu accorde fouvent aux Souverains, la garentiffent heureufement de toutes ces foibleffes ordinaires aux perfonnes moins élevées.

Ces pretendus heritiers d'une perfonne vivante, & qui fe flattent du fâcheux évenement du predecés de Madame de Nemours, long-temps vaant ce malheur, doivent faire reflexion que tous leurs projets de fucceder à la Principauté de Neufchaftel, ne font fondez que fur des vœux injuftes; parce que c'eft fur la fauffe préfuppofition du predecés d'une Princeffe Souveraine qui les peut furvivre, & que tous leurs efforts ne peuvent avoir d'effet dans aucun temps, non pas mefme aprés ce moment fatal, qu'ils témoignent par leur empreffement defirer avec tant d'ardeur.

C'eft ce qui devoit encore arrefter leurs mouvemens extraordinaires, & prevenir tout cet éclat qui ne fert qu'à publier leur injuftice.

Monfieur le Prince de Neufchaftel eftoit le feul qui eût un titre prefent, & un intereft legitime d'établir fon droit dans les Comtez de Neufchaftel & de Valengin, puifqu'il en eft le feul proprietaire, par une Donation entre-vifs & par le Contract mefme de fon mariage, qui eft le Titre le plus folemnel & le plus inviolable.

Mais quoyqu'il eût un titre auffi autentique fondé fur le droit des gens, & fur ce qu'il y a de plus affuré dans la Societé civile, il a eu infiniment plus de referve, non feulement parce que Madame de Nemours s'eft retenu l'ufufruit & l'entiere adminiftration de fa Souveraineté, mais encore principalement, par le refpect & par la déference pour fa bienfaictrice.

Il declare mefme que ce qu'il propofera par cet écrit pour l'établiffement de fon droit, n'eft que pour effacer les premieres impreffions que pourroient donner les Memoires des autres Contendans à la Souveraineté de Neufchaftel dans un cas incertain, & qui peut-eftre n'arrivera jamais à leur égard.

Il eft mefme fort extraordinaire que quelques-uns de ces Memoires ayent efté donnez indifcretement fous le nom de cette Princeffe, fans fon aveu, & contre fes interefts.

Monfieur le Prince de Neufchaftel declare encore publiquement par un épanchement de fon cœur & fuivant les fentimens de fa reconnoiffance, qu'il fouhaite n'eftre jamais en eftat de faire valoir le droit qui luy eft acquis par fon Contract de mariage.

Il efpere qu'il n'y aura que fes Defcendans qui en profiteront, & que fa Donatrice joüiffant pendant plufieurs années de fa Souveraineté, & le furvivant; la longue vie de cette Princeffe, utile pour le bien de fon Etat, pour l'avantage de fes Sujets, pour les pauvres, & pour une infinité d'autres perfonnes intereffées à fa confervation, apprendront aux Contendans ( qui difputent fa fucceffion de fon vivant ) qu'on ne doit faire aucun fonds fur les biens d'une perfonne vivante.

LE DROIT de Monfieur le Prince de Neufchaftel eft fondé fur la donation entre-vifs, confirmée par fon Contract de mariage, faite en fa faveur par fon Alteffe Sereniffime Madame la Ducheffe de Nemours des Comtez de Neufchaftel & de Valengin.

1°. La donation a pû luy en eftre faite, mefme du titre de la Souveraineté patrimoniale & hereditaire, par un Acte entre-vifs & par un Contract de mariage ; ce fera la premiere partie de cet écrit.

2°. L'effet de cette donation empefche les droits de fucceffion legitime pretendus par les autres Contendans aprés le decés de Madame de Nemours, previent toutes leurs conteftations, & rend inutiles toutes leurs diſſertations, parce qu'elles ne ſont que pour ſçavoir à qui la ſucceſſion des Comtez de Neufchaſtel & de Valengin auroit dû appartenir.

Ce ſera la ſeconde partie de cet écrit, qui retranche en un mot les pretentions differentes de Monſieur le Prince de Carignan, de Monſieur le Duc de Briſſac, de Monſieur le Marquis de Matignon, de Monſieur le Prince de Baden, & de Madame la Ducheſſe de Leſdigueres.

3°. Il n'y a point de diſpoſition par Teſtament qui puiſſe empeſcher l'effet de la donation entre-vifs portée par le Contract de mariage de Monſieur le Prince de Neufchaſtel.

Ce ſera la troiſiéme partie de cet écrit, qui répondra à la pretention de Monſieur le Prince de Conty.

Dans la premiere partie, qui renferme la validité du titre de Monſieur le Prince de Neufchaſtel, il fera voir que les Comtez de Neufchaſtel & de Valengin, meſme le titre de Souveraineté, ont pû luy eſtre donnez par Madame la Ducheſſe de Nemours ; parce que les Comtez de Neufchaſtel & de Valengin, meſme la Souveraineté, ſont un bien hereditaire & patrimonial, dont la diſpoſition eſt entierement libre par donation entre-vifs, particulierement par un Contract de mariage ; parce qu'il n'y a aucune loy ni coûtume à Neufchaſtel, qui empeſche la diſpoſition, de la Souveraineté ; Qu'il y a eu des exemples de pareilles diſpoſitions entre-vifs du Comté de Neufchaſtel ; Que les conventions par des Actes entre-vifs au ſujet de cette Souveraineté, ont toûjours eſté autoriſez ; que la derniere diſpoſition des Comtez de Neufchaſtel & de Valengin, meſme pour la Souveraineté, par une donation entre-vifs faite en 1668. par deffunt Monſieur le Duc de Longueville dernier decedé à Monſieur le Comte de ſaint Pol, a eu ſon effet ; & qu'enfin la diſpoſition qu'en a fait Madame la Ducheſſe de Nemours eſt tres-favorable, puis qu'elle eſt faite par une Princeſſe qui n'ayant point de deſcendans pour leur tranſmettre ſa Souveraineté, a eu le malheur de perdre ſes freres, qui n'ont point encore laiſſé de deſcendans ; & que reſtant ſeule de ſa maiſon, elle a pû & dû diſpoſer librement de ce patrimoine, plûtoſt que de le laiſſer déchirer par de pretendus heritiers collateraux dans des degrez éloignez, & qu'elle voit elle-meſme ſe diſputer reſpectivement leur pretendu droit de ſucceder de ſon vivant.

Dans la ſeconde partie Monſieur le Prince de Neufchaſtel établira, que le titre de la donation entre-vifs faite par Madame de Nemours, comprenant entr'autres biens les Comtez de Neufchaſtel & de Valengin, avec la Souveraineté ; le titre de l'heredité & de la ſucceſſion legitime devient inutile à cet égard, & qu'il ne faut point s'embaraſſer dans les queſtions arduës au ſujet des droits differens qu'auroient eu les Contendans dans la ſucceſſion de Madame de Nemours pour le Comté de Neufchaſtel, au cas qu'elle n'en eût pas diſpoſé entre-vifs, comme elle a fait ſagement.

Qu'elle l'a dû faire pour prevenir le deſordre qu'elle a prevû dans ſes Eſtats par l'embaras des queſtions ; ſi l'heritier plus proche les auroit

recueilli fans diftinction des lignes ; fi l'on auroit dû confiderer la prerogative de la mafculinité entre les defcendans d'Antoinette & d'Eleonore
d'Orleans, deux des fœurs de Henry d'Orleans Ayeul de Madame de Nemours ; fi au defaut de defcendans de Henry d'Orleans, les defcendans de
fa fœur aînée auroient efté preferez, quoyque dans un degré plus éloigné, aux defcendans de fa fœur puifnée qui fe feroient trouvez dans un
degré plus proche.

Dans la troifiéme partie Monfieur le Prince de Neufchaftel fera voir,
que Madame de Nemours ayant efté feule inveftie & reconnuë Souveraine de Neufchaftel & de Valengin, & les Contendans à cette Souveraineté
par fon decés fondans uniquement leur droit dans fa fucceffion future,
il n'y a pas lieu de troubler fon donataire, fous pretexte d'un Teftament
de deffunt Monfieur le Duc de Longueville dernier decedé ; que ce Teftament a efté revoqué ; que Madame de Nemours a efté inveftie de Neufchaftel & Valengin, en qualité d'heritiere legitime, nonobftant ce pretendu Teftament ; que les Souveraineté & Comté de Neufchaftel ne fe peuvent leguer par Teftament, moins encore fe tranfmettre en vertu d'une
inftitution d'heritier generale faite au profit d'un étranger, fans expref-
fion particuliere des Souverainetez ; que Monfieur le Duc de Longueville
n'a jamais eu la penfée de les comprendre dans l'inftitution d'heritier
portée par fon Teftament ; qu'il ne l'a pas voulu, qu'il ne l'auroit mefme
pû ; qu'il faut à cet égard faire une diftinction effentielle entre les difpofitions entre-vifs, particulierement par Contract de mariage, & les Teftamens ; que dans les Actes entre-vifs la liberté eft indefinie à la difference
des Teftamens ; qu'il eft fans exemple & contre tout ce qui s'eft pratiqué
à Neufchaftel, qu'aucune difpofition par Teftament des Souveraineté &
Comté de Neufchaftel, ait jamais eu effet au préjudice de l'heritier du
fang, au lieu que les donations entre-vifs qui en ont efté faites ont eu
leur execution ; qu'il y a encore par les loix & coûtumes de Neufchaftel
d'autres obftacles particuliers à l'effet de la difpofition portée par le Teftament fur lequel Monfieur le Prince de Conty fonde tout fon droit,
& fur une pretenduë fubftitution fideicommiffaire à laquelle il pretend
eftre appellé ; & qu'enfin les difpofitions portées par ce premier Teftament font devenuës caduques par le predecés de l'heritier inftitué & des
fubftituez vulgairement, quand il n'auroit pas efté revoqué, comme il l'a
efté de plufieurs manieres, mefme par un dernier Teftament contenant
claufe de revocation.

## PREMIERE PARTIE.

LEs Comtez de Neufchaftel & de Valengin, mefme le titre de Souveraineté, peuvent eftre donnez entre-vifs, principalement par Contract
de mariage ; parce que c'eft un bien hereditaire & patrimonial, que la
donation entre-vifs des biens hereditaires & patrimoniaux, particulierement par Contract de mariage, eft du droit des gens ; que la liberté n'en
eft

eſt aucunement reſtrainte ni meſme aſſujettie à aucunes formalitez de rigueur, qu'au contraire elle eſt indefinie par les loix & par les coûtumes
de Neufchaſtel.

Les Comtez de Neufchaſtel & de Valengin ſont hereditaires & patrimoniaux, meſme le titre de Souveraineté.

Il eſt public par tout ce qui s'eſt fait pendant les ſiecles paſſez, & dans
toutes les Nations, qu'il y a une difference tres-eſſentielle entre les Souverainetez électives, celles qui ſont hereditaires patrimoniales, & enfin celles qui ſe déferent par la ſeule agnation, & par le ſeul droit du ſang, ſans
que le ſucceſſeur ſoit obligé d'eſtre heritier de ſon predeceſſeur : cette
diſtinction confirmée par une infinité d'exemples, eſt écrite dans tous
les Autheurs.

Si Neufchaſtel eſtoit une Souveraineté élective, les donations & autres diſpoſitions n'en pourroient eſtre faites, & tous les efforts des Contendans à la Souveraineté de Neufchaſtel qui ſont fondez ſur le ſeul titre d'heritiers preſomptifs de Madame de Nemours, ou ſur le pretexte
d'une ſubſtitution revoquée, ſeroient inutiles.

Mais ſi Neufchaſtel n'eſt pas une Souveraineté élective, elle n'eſt pas
auſſi de la nature de celles qui ſe déferent par l'agnation & par le ſeul
droit du ſang, ſans titre d'heritier du predeceſſeur; parce qu'au contraire
il faut eſtre heritier pour ſucceder au Comté de Neufchaſtel.

Tout ce qui s'eſt pratiqué dans la ſucceſſion de cette Souveraineté depuis Rodolphe Comte de Neufchaſtel, il y a plus de quatre ſiecles, & la
ſuite de tous les Comtes ou Comteſſes de Neufchaſtel le verifie.

C'eſt auſſi ce que les differens écrits de tous les Contendans poſent
pour principe.

Les Comtes ou Comteſſes de Neufchaſtel ont eu ce Comté & la Souveraineté à titre d'heritiers de leurs predeceſſeurs immediats.

Ce principe ſe verifie dans les quatre Races des Comtes de Neufchaſtel.
Neufchaſtel eſt la premiere.

Fribourg eſt la ſeconde.

D'Hochberg eſt la troiſiéme.

De Longueville eſt la quatriéme.

En effet Madame de Nemours eſt Comteſſe de Neufchaſtel, comme heritiere de Jean Loüis-Charles d'Orleans dernier Duc de Longueville ſon
frere, mort en 1694.

Jean-Loüis-Charles d'Orleans l'a eſté, tant en vertu de la clauſe de retour
ſtipulée par ſa donation, que comme heritier de Charles-Paris d'Orleans
Comte de ſaint Pol, ſon frere & ſon donataire, tué en 1672. au paſſage du
Rhin, ſi funeſte à la maiſon de Longueville.

Charles-Paris d'Orleans Comte de ſaint Pol, a eſté Comte de Neufchaſtel, en vertu de la donation entre-vifs à luy faite en 1668. par Jean-
Loüis-Charles d'Orleans, dernier Duc de Longueville, qui avoit recüeilly
ce Comté, comme heritier de Henry d'Orleans II. Duc de Longueville
& Comte de Neufchaſtel, leur pere, mort en 1663.

B

Henry d'Orleans II. Duc de Longueville, a esté Comte de Neufchastel, comme heritier de Henry d'Orleans I. Duc de Longueville son pere,
decedé en 1595.

Henry d'Orleans I. a esté Comte de Neufchastel, comme heritier de
Leonor d'Orleans, Marquis de Rothelin, depuis Duc de Longueville,
& aussi Comte de Neufchastel son pere, decedé en 1573.

Leonor d'Orleans a esté Comte de Neufchastel, comme heritier de
François d'Orleans, Comte de Neufchastel son cousin germain, mort
en 1553.

François d'Orleans a esté Comte de Neufchastel, comme heritier de
Jeanne de Hochberg, Comtesse de Neufchastel son ayeule, morte en
1543.

Jeanne de Hochberg épouse de Loüis d'Orleans, Comte de Longueville, a esté Comtesse de Neufchastel, comme heritiere de Philippes Marquis de Hochberg, Comte de Neufchastel son pere, mort en 1503.

Philippes Marquis de Hochberg, a esté Comte de Neufchastel, comme heritier de Rodolphe de Baden IV. de Hochberg son pere, mort en
1487.

Rodolphe a esté Comte de Neufchastel, comme heritier de Jean Comte de Fribourg & de Neufchastel son oncle, mort sans enfans en 1457.

Jean Comte de Fribourg a esté Comte de Neufchastel, en vertu de la
donation entre-vifs, portée par son Contract de mariage de 1416. faite
en presence & du consentement de Conrard, Comte de Fribourg & de
Neufchastel, mort en 14

Conrard Comte de Fribourg, a esté Comte de Neufchastel, comme
heritier d'Isabelle Comtesse de Neufchastel, épouse de Rodolphe Comte
de Nideau, morte en 1395.

Isabelle a esté Comtesse de Neufchastel, non pas en vertu du Testament de Loüis Comte de Neufchastel, qui l'avoit instituée heritiere pour
moitié avec Varenne de Neufchastel sa sœur puisnée, mais comme heritiere legitime de Loüis Comte de Neufchastel son pere, mort en 1373.

Loüis de Neufchastel a esté Comte de Neufchastel, comme heritier de
Rodolphe II. Comte de Neufchastel, mort en 1342.

Rodolphe II. a esté Comte de Neufchastel, comme heritier de Amedée
Comte de Neufchastel, mort en 1285.

Enfin Amedée a esté Comte de Neufchastel, comme heritier de Rodolphe I. Comte de Neufchastel.

Ainsi le Comté de Neufchastel a toûjours esté un bien hereditaire &
patrimonial, & par consequent dans la libre disposition des Proprietaires, par des Actes entre-vifs, & par des Contracts de mariage.

Cette qualité essentielle du Comté de Neufchastel, d'Estat Souverain
hereditaire & patrimonial, est encore confirmée par le dernier Jugement
rendu par les Estats de Neufchastel en 1694. en faveur de Madame de Nemours: parce qu'elle en a eu l'investiture, comme estant la plus proche
heritiere de Monsieur le Duc de Longueville dernier decedé, en ces ter-

mes, *comme estant la sœur unique & plus proche heritiere.* C'est donc à titre d'heritiere ; & parce que les Comtez de Neufchastel & de Valengin sont une
Souveraineté patrimoniale & hereditaire, qu'ils luy ont appartenu suivant le Droit commun.

En effet les Souverainetez qui ne sont point électives, mais qui sont hereditaires & patrimoniales, sont dans la disposition des proprietaires, par
des Actes entre-vifs & par Contract de mariage, comme les autres biens
patrimoniaux & hereditaires d'une dignité moins éminente, à la difference des Souverainetez électives, ou de celles que le Droit d'agnation
défere sans titre de bien hereditaire & patrimonial ; dans lesquelles le
Souverain ne les possedant que par la voye de l'élection des peuples, ne
s'en peut dépoüiller sans leur consentement, & sans l'assemblée des Estats :
De mesme que dans les Souverainetez qui sont déferées par agnation, &
par une espece de fideicommis graduel & perpetuel, qui appelle tous les
descendans masles sans le titre d'heredité & de bien patrimonial.

C'est la distinction que l'Usage, l'aveu de toutes les Nations, & le Droit
commun autorise.

C'est par cette distinction que l'on doit concilier ce qui se trouve dif-
ferend dans les Auteurs, & dans les Politiques qui ont agité ces questions
délicates.

Le sçavant Grotius qui n'a rien ignoré de tout ce qui regarde le Droit
public, en son excellent Traité *De jure belli & pacis*, *lib. 3. cap. 8. n. 5.* confirme cette distinction par son suffrage, qui est d'un tres-grand poids.

Dans les Royaumes, dit-il, ou électifs, ou ceux dont les Souverains
ne sont en quelque maniere qu'usufruitiers, sans aucun droit de proprieté, les alienations ou autres dispositions ne peuvent avoir effet, en tout
ni partie ; *Regnum habentes non in patrimonio, sed tamquam in usufructu paciscendo
alienare non valent.*

Il faut du moins pour autoriser pareilles alienations le consentement
des Etats : *At in regnis patrimonialibus*, ajoûte-t-il, *quominus Rex regnum alienet
nihil impedit, n. 3.*

Il apporte mesme une exception à la prohibition de l'alienation, dans
les Souverainetez qui ne sont pas hereditaires ni patrimoniales, quand la
liberté de les aliener est d'ailleurs autorisée par quelque Loy primitive de
l'Estat, ou par une Coûtume qui n'ait point receu d'atteinte.

*Qui verò Reges in patrimonio regnum non habent, hic vix est, ut jus regni bona alie-
nandi concessum videatur, nisi diserte id appareat ex primitiva lege, aut more, cui con-
tradictum numquam sit.*

Le mesme Auteur établit encore les mesmes principes, & la mesme difference au livre second de ce mesme Ouvrage, *cap. 6. n. 3. Sicut autem res
aliæ*, dit-il, *ita & imperia alienari possunt ab eo cujus in dominio verè sunt, id est
à Rege, si Imperium in patrimonio habeat, alioquin à populo, accedente Regis consensu,
quia is quoque jus aliquid habet quale usufructuarius, quod invito auferri non debet.*

Au reste il ne faut pas se flatter de regler les Souverainetez de Neufchastel par les mesmes Loix que le Royaume de France, qui a d'autres

prerogatives singulieres qui le distinguent par un degré d'élevation & de superiorité, qui ne peut faire de consequence, parce qu'il est public ; & le grand Docteur du Moulin qui a sçeu si parfaitement les Droits & Usages du Royaume de France, l'a observé avec les autres Auteurs · *Quod* *Regnum Franciæ non jure hæreditario, sed solummodo jure sanguinis, & lege sive consuetudine defertur, ubi succedit agnatus de sanguine Regis, etiamsi distet in gradu millesimo, si non sit alius agnatus proximior, & hoc jure sanguinis & perpetuæ consuetudinis regni, ubi non habetur successio hæreditaria non patrimonialis. Sed simplex successio, sive subrogatio primogeniti, vel proximioris agnati cui regnum debetur ex sola lege vel alio prædecessore ; undè nec est hæreditarium nec patrimoniale, sed mero jure filiationis vel sanguinis competit.*

*Molinæus §. 13. de la Coûtume de Paris, gl. 3. n. 8.*

C'est l'effet & l'usage de la Loy Salique, qui n'a point de lieu à Neufchastel.

C'est sur ce fondement que du Moulin a tenu qu'en France la disposition de la Souveraineté ne pourroit estre autorisée ; mais au mesme lieu cet Auteur penetrant a dit, Qu'il faut resoudre le contraire pour d'autres Souverainetez, que celle de France ; *Si esset regnum quod jure hæreditario defertur.*

Il rapporte l'exemple du Royaume d'Aragon & quelques autres, pour lesquels, *Puto*, ajoûte-t-il, *quod deficientibus liberis posset in præjudicium agnatorum, & quorumcumque aliorum, de regno disponere, utpote patrimoniali, non tamen dividendo.*

Du Moulin passe mesme plus avant, parce qu'il dit, Que dans les Souverainetez indivisibles, il en pouvoit disposer au préjudice mesme des agnats collateraux ; c'est-à-dire, des heritiers présomptifs masles appellez à la Couronne, par cette seule raison qu'estant patrimoniale, elle est dans la disposition du Souverain, *utpote patrimoniali.*

En effet, s'il estoit necessaire, l'on pourroit justifier que c'est le Droit commun, & la pratique des Souverainetez hereditaires & patrimoniales : que mesme dans les Royaumes de pareille nature, la liberté de la disposition par des Actes entre-vifs, particulierement par des Contracts de mariage, ont esté autorisées, & que pareilles dispositions ont eu effet.

L'exemple de la donation entre-vifs de la Souveraineté du Dauphiné par les Princes Dauphins, est public, & a eu son execution pleine & entiere, sans que les Rois de France ayent d'autre titre sur le Dauphiné.

Humbert Dauphin de Viennois, Prince de Briançonnois, n'ayant point d'enfans de son mariage, a transporté par donation entre-vifs la proprieté du Dauphiné en 1341. en cas de decés sans enfans, à Philippe puisné de Philippe de Valois Roy de France, ou à l'un des fils de Jean Duc de Normandie son fils aisné, tel que le Roy Philippe de Valois voudroit élire.

C'est à ce Titre que fut apposée la condition fameuse qui s'observe encore aujourd'huy en France, que l'aisné des enfans de France s'appelleroit Dauphin de Viennois, & porteroit les armes du Dauphiné écartelées avec les armes de France.

Le

Le Roy Philippe de Valois, & le Duc de Normandie, ratifierent dans la mesme année la donation.

Humbert Dauphin ayant depuis esté nommé en 1345. Capitaine General du saint Siege contre les Turcs; il renouvella en 1349 à son retour du voyage d'Asie, la mesme donation au profit de Charles, fils aîné de Jean Duc de Normandie, & qui avoit esté esleu & nommé par le Roy Philippe de Valois son ayeul.

Il declara à cet effet, par Acte separé, que les peuples du Dauphiné n'estoient point ses Sujets, & remit à son donataire pour plus grande solemnité de la donation, l'Espée ancienne du Dauphiné, & la Banniere de saint Georges, enseigne des Dauphins de Viennois, avec un Sceptre & un anneau.

L'Acte en fut passé en la Ville de Lyon, en presence de Jean Duc de Normandie, fils aîné du Roy Philippe de Valois, & pere de Charles donataire.

Comme dans la premiere donation de 1342. Philippe puisné du Roy Philippe de Valois avoit esté expressément nommé, il luy fist en mesme-temps approuver la seconde donation, & entant que besoin seroit transporter tous ses droits sur le Dauphiné à Charles son neveu, fils de Jean Duc de Normandie son frere aîné.

C'estoit ce mesme Humbert qui avoit fait ériger ses Estats en Royaume, sous le Titre de Royaume de Vienne, suivant les Lettres Patentes de 1335. de Loüis de Baviere Empereur, dont il y a deux Originaux dans la Chambre des Comptes de Dijon : C'est luy qui pour marque de Souveraineté établit à Grenoble le Conseil Delphinal, que le Roy Loüis XI. estant Dauphin, érigea en Parlement en 1453.

L'exemple du Royaume d'Arles, pareillement donné entre-vifs à la Maison de France, est encore tres-convainquant : c'est aussi le Titre des Rois de France sur Arles.

Charles Roy de Sicile, Comte d'Anjou & de Provence, frere de saint Loüis, a acquis les droits du Royaume d'Arles, de Raymond des Baux, Prince d'Orange, & d'Ermengarde son épouse, par Transaction de 1257. Il est vray que l'effet de cette Transaction ne fut pas asluré, & que les Empereurs y eurent depuis quelque pretention : mais le Titre de l'alienation, par Acte entre-vifs, de la Souveraineté d'Arles, fut confirmé dans le quatorziéme siecle.

Charles IV. Empereur & Roy de Boheme, a donné entre-vifs dans le même quatorziéme siecle, à Loüis Duc d'Anjou frere du Roy Charles V. le Royaume d'Arles, pour luy & ses heritiers : c'est en vertu de cette donation que tous les droits du Duc Loüis & de ses descendans, ont esté réünis à la Couronne de France.

Mais pour se renfermer dans les exemples qui concernent la Souveraineté de Neufchastel, Monsieur le Prince de Neufchastel en proposera seulement trois.

Le premier eſt dans la ſeconde Race des Comtes de Neufchaſtel, qui eſt celle de Fribourg.

Le Contract de mariage de 1416. de Jean Comte de Fribourg avec Marie de Châlons, fille de Jean de Châlons, Prince d'Orange & Seigneur de Arlay, porte; Qu'en faveur de ce mariage, Jean Comte de Fribourg aura du vivant & du conſentement de Conrard, Comte de Fribourg & de Neufchaſtel ſon pere, neveu & heritier d'Iſabelle, qui a eſté la derniere de la Maiſon de Neufchaſtel de la premiere Race, le Comté de Neuf-chaſtel, avec toutes ſes appartenances & dépendances, pour en joüir par luy comme provenant de ſon propre heritage, tant luy que ſes heritiers, & qui de luy auront cauſe perpetuellement aprés la mort de Conrard Comte de Fribourg.

Cet exemple ne ſert pas ſeulement pour confirmer invinciblement la nature du Comté de Neufchaſtel, qui eſt purement patrimonial & hereditaire, puiſqu'il eſt appellé heritage, meſme heritage propre, pour eſtre tenu par le donataire & ſes heritiers, mais encore pour faire voir par les termes, ( *comme de ſon heritage, pour luy, ſes hoirs, & qui de luy auront cauſe perpetuellement* ) que les ayans cauſe ſont en eſtat de recueillir la proprieté de Neufchaſtel.

Or il n'y a point d'ayant cauſe auſquels ces mots peuvent eſtre appliquez plus naturellement, qu'à un donataire entre-vifs, quelque étranger qu'il puiſſe eſtre, parce que c'eſt l'application neceſſaire du terme d'*ayans cauſe*.

Ainſi voila non ſeulement une donation du Comté de Neufchaſtel par un Contract de mariage, qui a eu ſon effet, mais encore la donation faite pour le donataire, ſes heritiers, & meſme ſes ayant cauſe, pour en joüir, faire & diſpoſer en proprieté, meſme perpetuellement.

2°. Dans la Maiſon de Longueville l'on a toûjours conſideré la Souveraineté de Neufchaſtel, comme un bien hereditaire & patrimonial, qui eſtoit dans la diſpoſition des Comtes de Neufchaſtel, par des Actes entre-vifs.

Dans la conteſtation qui a eſté aprés la mort de Charles-Paris d'Orleans, Comte de ſaint Pol, entre Madame de Longueville ſa mere ſurvivante, & Madame de Nemours ſa ſœur conſanguine, l'on s'eſt ſervi pour exclure lors Madame de Nemours de cette Souveraineté ( à laquelle elle a depuis ſuccedé par la mort de Jean-Loüis-Charles d'Orleans, dernier Duc de Longueville auſſi ſon frere conſanguin ) de la renonciation qu'elle avoit faite par ſon Contract de mariage à la ſucceſſion future de ſon Alteſſe Sereniſſime Henry Second d'Orleans Duc de Longueville ſon pere, en faveur de ſes enfans maſles & deſcendans maſles : C'eſt l'un des motifs du Jugement rendu contr'elle par les trois Eſtats de Neufchaſtel, employez dans leur Jugement rendu en 1672. en ces termes : *Ayant conſideré que ſon Alteſſe Sereniſſime Madame la Ducheſſe de Nemours, a renoncé par ſon Contract de mariage à la ſucceſſion future de Meſſeigneurs ſes freres, au profit du ſurvivant d'eux.* Ainſi le Jugement des trois Eſtats s'eſt fondé ſur la renonciation de Madame de Nemours, il a donc neceſſairement préjugé que l'on pou-

voir par des Actes entre-vifs, mesme par des renonciations à des successions futures qui ne sont jamais favorables, se dépoüiller du droit dans
les Souverainetez de Neufchastel, comme estant dans la libre disposition.

Il est certain que si Neufchastel avoit esté une Souveraineté inaliena-
ble, pareille renonciation, qui en emporte constamment la disposition par
l'abdication du droit qu'elle y pouvoit avoir, n'auroit pas servy de fondement à la decision des trois Estats de Neufchastel.

Et ce qu'il y a encore de tres-important, est que cette decision a esté
suivie par le Jugement du Roy Loüis le Grand; c'est-à-dire du plus
éclairé de tous les Monarques, du plus juste, & du plus grand politique.

Ce Monarque a bien voulu faire l'honneur aux Princesses qui conte-
stoient, de rendre un Jugement arbitral au mois d'Avril 1674. sur le diffe-
rend concernant la proprieté de la Souveraineté & Comté de Neufchastel, entre Madame de Longueville & Madame de Nemours ; Sa Majesté
a declaré sur les mesmes fondemens , & suivant le Jugement des trois
Estats de Neufchastel, que la proprieté en appartenoit à Jean-Loüis-
Charles d'Orleans, Duc de Longueville, & l'administration à Madame
de Longueville sa mere, & curatrice.

3°. Un autre exemple de la liberté de la disposition du Comté de Neufchastel par Acte entre-vifs, mesme hors Contract de mariage, est la donation faite dans la branche mesme de Longueville , qui est la quatriéme
Race des Comtes de Neufchastel ; parce que cette donation faite en 1668.
par Jean-Loüis-Charles d'Orleans, dernier Duc de Longueville, au profit de Charles-Paris d'Orleans, Comte de saint Pol son frere, a eu son effet au préjudice mesme de Madame de Nemours ; Monsieur le Comte de
saint Pol ayant esté Comte de Neufchastel jusques en 1672. qu'il a esté
tué au passage du Rhin par une mort precipitée, qui a arresté le progrés
de l'illustre Maison de Longueville.

Les autres conventions de cette donation entre-vifs ont eu leur execution dans le cas de la reversion stipulée par Jean-Loüis-Charles d'Orleans, dernier Duc de Longueville : ce que les trois Estats de Neufchastel,
& Sa Majesté Tres-Chrestienne, ont jugé avoir eu son effet , mesme au
préjudice de Madame de Nemours, qui n'y a succedé que depuis par le
decés du dernier Duc de Longueville : c'est ce qui fait connoistre que les
donations entre-vifs des Comtez de Neufchastel & de Valengin, mesme
de la Souveraineté, & toutes les stipulations à ce sujet, peuvent estre
faites par des Actes entre-vifs, & qu'elles doivent estre autorisées.

C'est encore ce que les trois Estats de Neufchastel ont décidé par leur
Jugement de 1672. & que le Roy par ses Lettres patentes en forme de Jugement arbitral du mois d'Avril 1674. a aussi solemnellement jugé; parce
que Jean-Loüis-Charles d'Orleans, Duc de Longueville, ayant par la donation entre-vifs qu'il avoit faite en 1668. en faveur de Charles-Paris
d'Orleans, Comte de saint Pol son frere, stipulé le droit de reversion à
son profit, en cas de decés de Monsieur le Comte de saint Pol sans enfans ; & ce cas estant arrivé, ces Jugemens ont prononcé qu'il estoit ren-

tré dans les Souverainetez de Neufchaftel, quoy qu'il s'en fût une fois dépoüillé, & que Madame de Nemours n'y avoit aucun droit, quoy que Monfieur le Comte de faint Pol l'eût declaré fon heritiere par fon Teftament.

Les trois Eftats s'en font expliquez nettement par leur Jugement de 1672. en ces termes : *Que deffunt Monfeigneur le Duc de Longueville ne pouvoit pas difpofer de cet Eftat par fon Teftament, puifque Monfeigneur le Duc de Longueville fon frere aifné, à qui feul il appartenoit par la Coûtume, avoit expreßément refervé, en luy faifant donation, qu'il luy retourneroit de plein droit, fi Monfeigneur fon frere, qui l'accepta à cette condition, mouroit fans enfans, pour ces raifons, &c.*

C'eft encore fur les mefmes principes que le Roy, par fes Lettres patentes en forme de Jugement arbitral en 1674. l'a decidé uniformement: *Nous avons declaré par noftre Jugement arbitral, que la proprieté de la Souveraineté & Comté de Neufchaftel & Valengin, fes annexes & dépendances, appartiennent à noftredit Coufin Jean-Loüis-Charles d'Orleans, Duc de Longueville, & l'adminiftration à noftredite Coufine Ducheffe de Longueville fa mere, en qualité de Curatrice.*

L'on ne doit pas douter que les trois Eftats de Neufchaftel, n'ayent toûjours efté dans ces mefmes principes.

Ils l'ont declaré publiquement, mefme tous les Cantons Suiffes l'ont folemnellement decidé, par le Titre de la remife qu'ils ont faite des Comtez de Neufchaftel & Valengin, à Jeanne d'Hochberg, veuve de Loüis d'Orleans Duc de Longueville, en 1529.

Et c'eft ce Titre mefme declaratif de fon droit legitime, qui les a tranfmis à la Maifon de Longueville.

L'Hiftoire fait foy qu'en 1509. les Cantons de Berne, Lucerne, Fribourg & Soleure, s'emparerent des Comtez de Neufchaftel & Valengin; le pretexte eftoit fpecieux.

Loüis d'Orleans Duc de Longueville, qui avoit époufé Jeanne d'Hochberg, Comteffe de Neufchaftel, eftoit attaché par fa naiffance & par tous fes autres engagemens aux interefts de Loüis XII. Roy de France.

Les Suiffes s'eftoient declarez les ennemis de Loüis XII.

Les Villes de Berne, Lucerne, Fribourg & Soleure, firent part de Neufchaftel & Valengin aux autres Cantons; ils les ont tenus jufques en 1529.

Ils appelloient le Titre de leur occupation le droit de l'Efpée, ils y envoyoient de deux ans en deux ans des Gouverneurs.

Mais depuis ayant reconnu qu'ils n'avoient pû avec juftice s'en mettre en poffeffion; les onze Cantons folemnellement affemblez, Zurich, Berne, Lucerne, Zuitz-Waden, Walden, Kernwald, de Zug avec fon reffort, Glaris, Bafle, Soleure & Schasfhoufe, luy rendirent fes Eftats & à fon fils. Les termes de cet Acte de remife, qui eft de la veille de la Pentecofte 1529. font évidemment connoiftre le droit de proprieté & la liberté d'en difpofer; parce qu'il eft dit, *Pour les poffeder, gouverner, dominer, en joüir & ufer, elle & fes enfans & hoirs, & pour en faire & ordonner à fon plaifir, avec pleine puiffance & tous droits.*

Ce

Ce délaissement fait à Jeanne de Hochberg pour elle & ses enfans, meime à ses hoirs, confirme non seulement la qualité de bien hereditaire & patrimonial, mais fait encore voir demonstrativement par ces termes: *Permis en user par elle & ses enfans & hoirs, pour en faire & ordonner à son plaisir, avec pleine puissance*, que les Comtes de Neufchastel, & principalement encore depuis ce Titre solemnel, sont en droit & ont liberté absoluë d'user, faire & disposer des Comtez de Neufchastel & Valengin, à leur plaisir & avec pleine puissance ; ce sont les termes mesmes, aprés lesquels la liberté de disposer entre-vifs de la proprieté des Comtez de Neufchastel & Valengin, ne peut plus estre revoquée en doute.

C'est encore ce que le Conseil de Neufchastel a nettement declaré dans l'Acte de ratification & augmentation des franchises des Bourgeois de Neufchastel, qu'il a obtenu de Jeanne de Hochberg, Comtesse de Neufchastel, le 8 May 1537. parce qu'en reglant les Aides à elle deus par les Bourgeois de Neufchastel, elle leur en accorde la décharge, au cas que le Comté de Neufchastel passast en d'autres mains qu'en celles de Jeanne de Hochberg, ou de ses descendans en ligne directe, par vendition, échange ou autre titre d'alienation, dans lesquels la donation entre-vifs est indubitablement comprise.

Les termes en sont remarquables ; *Au cas que nostredit Comté de Neufchastel tombe en autre main que la nostre, ou és descendans de nous en droite ligne seulement, par vendition, échange, ou permutation ou autrement, en quelque maniere que ce soit.*

Le Conseil de Neufchastel penetré de ces principes, a donc jugé que l'alienation pouvoit estre faite de la Souveraineté de Neufchastel, comme hereditaire & patrimoniale, à Titre de donation ou autre Acte entre-vifs ; il l'a encore fait transcrire en conformité dans les Actes solemnels, qui en ont esté faits lors de la prestation du serment de fidelité des Bourgeois de Neufchastel, le 26. Janvier 1512. à son Altesse Serenissime Leonor d'Orleans Comte de Neufchastel, qui voulut bien leur accorder les mesmes franchises & privileges, dont l'Acte de confirmation est conceu en mesmes termes ; parce que l'on a toûjours esté convaincu de la liberté entiere de la disposition par Actes entre-vifs du Comté de Neufchastel.

Ainsi la liberté de la disposition entre-vifs des Comtez de Neufchastel & Valengin, mesme de la Souveraineté, demeure constante ; parce qu'elle est établie sur ce qu'il n'y a aucune Loy ni Coûtume à Neufchastel qui l'empesche.

Sur la qualité de bien patrimonial & hereditaire.

Sur le droit commun des Souverainetez, aussi hereditaires & patrimoniales.

Sur les exemples des dispositions, & autres conventions concernant cette Souveraineté.

Et enfin sur le dernier Estat de cette Souveraineté.

Il y peut encore avoir moins de difficulté pour la Seigneurie & Comté de Valengin ; parce qu'ayant esté acquise par Messieurs du Canton de Berne, Marie de Bourbon, veuve de Leonor d'Orleans, Duc de Longueville & Comte de Neufchastel, la retira pour un certain prix. Or le titre de l'alienation & le droit de retrait, présupposent necessairement la liberté de l'aliener par des Actes entre-vifs.

Aprés cela l'on n'estime pas qu'il soit necessaire de répondre à l'induction qu'on a voulu tirer d'un Traité pretendu fait en 1406. entre Jean Comte de Châlons, Prince d'Orange, Seigneur d'Arlay, & la Ville de Neufchastel ; par lequel il a esté dit, sans la participation de Conrard Comte de Fribourg, lors Comte de Neufchastel, & seul interessé dans la clause de ce Traité ; *Qu'on ne pourroit aliener le Comté de Neufchastel par vendition, ni par donation ni autrement.* Monsieur le Prince de Neufchastel ne l'auroit pas relevé, si l'on n'en avoit point parlé dans les autres Memoires.

Mais pour resoudre toutes les difficultez, il a bien voulu l'observer, & faire voir en mesme-temps qu'il ne luy peut-estre opposé.

Premierement, ce Traité a esté fait sans le Comte de Neufchastel, en son absence, & sans pouvoir legitime ; ainsi cet Acte ne peut l'engager.

Le Comte de Neufchastel estoit seul partie interessée, l'on ne pouvoit donc sans son consentement luy imposer la charge d'une prohibition d'aliener ;& cette condition estoit mesme un attentat à son droit & à sa Souveraineté.

En second lieu, Conrard de Fribourg, Comte de Neufchastel, en l'absence duquel ce Traité avoit esté fait, sans aucun pouvoir & sans aucune autorité, en ayant esté averti à son retour de son voyage de la Terre Sainte, le desavoüa publiquement, comme un Acte absolument nul.

Il en porta ses plaintes à Messieurs de Berne, contre les Bourgeois de Neufchastel, en la mesme année 1406. en sorte que ce Traité est demeuré sans aucun effet.

En troisiéme lieu, il est public que ce fut Jean Comte de Châlons, qui voulut faire revolter les Sujets du Comté de Neufchastel, contre leur Prince legitime ; il ne pouvoit cependant oster au Comte de Neufchastel la liberté qu'il avoit de disposer entre-vifs de son Comté de Neufchastel par la Coûtume de Neufchastel ; il l'a luy-mesme reconnu depuis.

En quatriéme lieu, ce pretendu Traité secret & clandestin, a si peu subsisté, que dix ans aprés seulement, par les Actes posterieurs, & particulierement par le Contract de mariage de Jean Comte de Fribourg, fils de Conrard Comte de Neufchastel, avec Marie de Châlons, du 13 Juillet 1416. on n'y a eu aucun égard, puisque l'on a disposé du Comté de Neufchastel.

Et c'est par cette raison, que quoique par sa qualité essentielle il fut patrimonial & hereditaire, l'on a pris la precaution dans ce Contract de mariage, de dire precisément, à cause de ce Traité de 1406. *Que le Comté de Neufchastel estoit le propre heritage de Jean Comte de Fribourg & de Neufchastel, pour luy, ses heritiers, & qui de luy auront cause perpetuellement.*

Et ce qu'il y a encore de considerable pour faire voir la nullité &

l'inexecution éntiere de ce Traité, c'est que le mesme Jean Comte de Châlons, Prince d'Orange, qui avoit exigé par son autorité de la Ville de
Neufchastel cette convention, se prévalant de l'absence de Conrard de Fribourg, Comte de Neufchastel, engagé dans le voyage de la Terre Sainte, a luy-mesme reconnu le vice essentiel de ce Traité de 1406. parce que
c'est avec luy, que par le Contract de mariage de 1416. de Marie de Châlons sa fille, avec Jean Comte de Fribourg & de Neufchastel, cette convention a esté faite du Comté de Neufchastel, comme estant hereditaire
& patrimonial, comme le propre heritage des Comtes de Neufchastel &
heritiers, & qui de luy auront cause perpetuellement.

Ce qui estoit directement contraire au Traité de 1406. qui par ce seul
moyen avoit esté aneanti.

En cinquiéme lieu, le Conseil de la Ville de Neufchastel, qui estoit
l'autre partie dans le mesme Traité de 1406. fait entre la Ville de Neufchastel, & Jean Comte de Châlons, Prince d'Orange, a reconnu comme
luy, le vice radical de cette convention clandestine ; parce que par les
Concessions des Privileges des Bourgeois de Neufchastel de 1537. & de 1562.
qui ont esté remarquez, il a obtenu pour ses Bourgeois de Neufchastel,
de Jeanne de Hochberg Comtesse de Neufchastel, la décharge des Aides
par eux deus au Comtes de Neufchastel, en cas que le Comté de Neufchastel tombast en d'autres mains par vendition, échange ou autres alienations, comme estant reconnu absolument hereditaire & patrimonial.

Enfin les derniers Actes concernant la Souveraineté & Comté de Neufchastel & Valengin, justifient une possession constante, tant auparavant ce pretendu Traité de 1406. que depuis, de la qualité d'un bien hereditaire, patrimonial, alienable, & dont la disposition peut estre faite
par des Actes entre-vifs, sans qu'elle ait jamais receu d'atteinte, ni sous
pretexte de ce Traité de 1406. qui est demeuré sans execution, ni sous
quelqu'autre pretexte que ce soit.

## SECONDE PARTIE.

LA validité de la donation entre-vifs des Comtez de Neufchastel &
de Valengin, portée par le Contract de mariage de Monsieur le
Prince de Neufchastel ainsi establie, il est certain que les autres Contendans aux Comtez de Neufchastel & Valengin, n'y ont aucun droit, & n'en
peuvent avoir dans la suite; parce que le Titre de la donation entre-vifs de
ces Comtez, avec la dignité de la Souveraineté, font entierement cesser le
droit de succeder dans les mesmes Comtez, aprés le decés de Madame
de Nemours.

C'est la seconde partie de cet écrit, dont tout l'établissement dépend
d'un seul principe, qui est qu'un heritier ne peut succeder à des biens donnez entre-vifs, estant impossible qu'un donataire entre-vifs de la totalité
d'un bien & un heritier, ayent l'un & l'autre droit dans le mesme bien.

Ainsi dés le moment que la donation est valable, & doit avoir son effet, il n'y a plus & ne peut y avoir d'heritiers legitimes dans les biens donnez ; c'eft ce qui retranche en un mot toutes les differtations des Contendans à la Souveraineté de Neufchaftel, aprés le decés de Madame de Nemours, pour fçavoir quel heritier auroit efté preferé dans fa fucceffion pour Neufchaftel & Valengin : fi fçauroit efté le defcendant d'Antoinette d'Orleans, Dame de Gondy, fœur aînée d'Henry I. d'Orleans, Duc de Longueville, Comte de Neufchaftel, quoique dans un degré plus éloigné : fi fçauroit efté le defcendant d'Eleonore d'Orleans, Dame de Matignon, fœur puifnée du mefme Henry d'Orleans, comme eftant dans un degré plus proche : fi entre les defcendans d'Antoinette d'Orleans, Dame de Gondy, qui font Madame la Ducheffe de Lefdiguieres, & Monfieur le Duc de Briffac, la prerogative de mafculinité auroit efté un titre de preference : fi l'on auroit pû remonter à la ligne de Françoife d'Orleans, époufe de Loüis de Bourbon, fœur de Leonor d'Orleans, Duc de Longueville & Comte de Neufchaftel, de laquelle font defcendus Monfieur le Prince de Carignan, & Monfieur le Prince de Baden : fi Monfieur le Prince de Carignan auroit dû eftre preferé, eftant d'ailleurs plus proche dans la ligne maternelle de Madame de Nemours, comme eftant fils de Marie de Bourbon, Princeffe de Carignan, fœur de Loüife de Bourbon, Ducheffe de Longueville, époufe de Henry d'Orleans II. Duc de Longueville, & Comte de Neufchaftel, mere de Madame de Nemours.

Ce qu'il y a mefme de tres-fingulier, eft que fi Madame de Nemours n'avoit eu cette fage precaution de difpofer entre-vifs de Neufchaftel & de Valengin, il n'y a aucuns de tous ces Contendans, dont le droit n'eût paru en quelque maniere fpecieux ; & quoy que celuy de Monfieur le Prince de Carignan dans la fucceffion *abinteftat*, eût peut-eftre eu plus de fondement dans les principes, & plus de faveur, comme eftant le plus proche heritier *abinteftat*, il eft évident que toutes les difficultez qu'on agite par les differens Memoires, auroient efté des femences de grandes conteftations, qui auroient pû exciter des defordres dans l'Eftat de Neufchaftel & de Valengin.

C'eft ce que Madame de Nemours par fa penetration, a voulu prevenir pour arrefter toutes ces divifions ; & c'eft ce qu'elle a executé par la donation qu'elle a fait des Comtez de Neufchaftel & de Valengin au profit de Monfieur le Prince de Neufchaftel, par fon Contract de Mariage, dont le Titre concilie tous ces Contendans, en leur oftant une efperance auffi incertaine d'une fucceffion collaterale en des degrez fort éloignez pour les Comtez de Neufchaftel & Valengin.

## TROISIE'ME PARTIE.

IL n'y a point de difpofition par Teftament, qui puiffe empefcher l'effet de la donation entre-vifs des Comtez de Neufchaftel & de Valengin, faite à Monfieur le Prince de Neufchaftel, & confirmée par fon Contract de mariage.

C'eft

C'est ce qui répond à la pretention de Monsieur le Prince de Conty, dont l'unique fondement est une prétenduë substitution fideicommissaire, portée par un premier Testament de Jean-Loüis-Charles d'Orleans, dernier Duc de Longueville, Comte de Neufchastel, à laquelle il se dit appellé à deffaut de Monsieur le Comte de saint Pol, heritier institué, & decedé avant le testateur.

La matiere des differentes contestations qu'agitent les Contendans à la Souveraineté de Neufchastel, & le sujet de tous les Memoires qui ont esté répandus dans le Public, est la question de la succession à cette Souveraineté aprés le decés de Madame de Nemours, à laquelle Madame la Duchesse de Lesdiguieres, Monsieur le Duc de Brissac, Monsieur le Marquis de Matignon, Monsieur le Prince de Carignan, & Monsieur le Prince de Baden, présupposent necessairement que les Comtez de Neufchastel & de Valengin, & la Souveraineté, appartiennent legitimement.

Ce n'est donc que sur cette présupposition que sont toutes leurs dissertations sur le droit qu'ils pourront avoir dans la succession de Madame de Nemours.

Ainsi le Testament de Monsieur le Duc de Longueville, dernier decedé, ne fait point l'objet de leurs contestations ; parce qu'ils présupposent avec raison, que ce Testament ne peut avoir d'effet, & que c'est une chose consommée pour les Comtez de Neufchastel & de Valengin.

En effet la question de ce Testament ne peut les concerner.

C'est une chose qui n'est plus en contestation, les trois Estats en ayant investi Madame de Nemours, comme estant l'heritiere, & Monsieur le Prince de Conty ne pretendant pas estre appellé à aucune substitution, à défaut ni aprés le decés de Madame de Nemours pour les Comtez de Neufchastel & Valengin, ni pour d'autres biens.

Il est vray qu'il a voulu pretendre les biens de Monsieur le Duc de Longueville, dernier decedé, à titre de substitution, à l'exclusion mesme de Madame de Nemours.

Mais nonobstant cette pretention, les trois Estats ayant investi Madame de Nemours, comme heritiere, & ayant exclud par une suite necessaire Monsieur le Prince de Conty, l'on peut dire qu'il n'est plus question pour Neufchastel & Valengin, du Testament de Monsieur le Duc de Longueville, ni de la substitution demandée par Monsieur le Prince de Conty.

Le temps auquel il falloit demander l'investiture, estoit un temps fatal : Neufchastel estoit le seul lieu où la question du Testament pour la disposition de cette Souveraineté pouvoit estre agitée. Monsieur le Prince de Conty reconnut assez par toutes ses démarches, qu'il ne pouvoit faire valoir les droits d'un Testament qu'il sçavoit revoqué, & dont le Titre, quand il n'y auroit point eu de revocation, ne pouvoit avoir d'effet pour emporter une disposition valable des Souverainetez & Comtez de Neufchastel & de Valengin ; il sçavoit encore que les Coûtumes de Neufchastel y faisoient d'ailleurs d'autres obstacles invincibles.

E

Ce furent les raiſons pour leſquelles il jugea luy-meſme que ſon Teſtament luy eſtoit inutil ; c'eſt ſur ces meſmes fondemens que Meſſieurs des trois Eſtats de Neufchaſtel declarerent, ſur la demande de la poſſeſſion & inveſtiture que Monſieur le Chevalier d'Angouleſme fît pour luy en vertu de ſon pretendu Teſtament, qu'ils n'y pouvoient avoir aucun égard.

Aprés cela il ne ſeroit pas neceſſaire de propoſer d'autres moyens cohtre le Teſtament, qui eſt le ſeul Titre de Monſieur le Prince de Conty ; parce que tout eſt conſommé à cet égard.

Monſieur le Prince de Neufchaſtel ne laiſſera pas d'expliquer les autres fondemens de l'excluſion de Monſieur le Prince de Conty.

Il ne s'engagera pas cependant par cet écrit dans les queſtions generales qui s'agitent au Parlement de Pàris, ſur la validité & ſur l'effet de ce Teſtament , & de la pretenduë ſubſtitution fideicommiſſaire qu'on en veut induire, au ſujet des biens de France de Monſieur le Duc de Longueville, dernier decedé ; parce qu'il ne s'agit pas dans le Parlement de France des Comtez de Neufchaſtel & de Valengin.

Les trois Eſtats de Neufchaſtel , qui en ſont les Juges, l'ont decidé en faveur de Madame de Nemours ; ainſi il n'y a plus de retour.

La revocation du premier Teſtament, contenant la ſubſtitution faite par Monſieur le Duc de Longueville, dernier decedé, devoit arreſter tous les mouvemens de Monſieur le Prince de Conty.

Il y en a deux revocations, l'une par la donation univerſelle faite entre-vifs par Monſieur le Duc de Longueville, dernier decedé, en faveur de Monſieur le Comte de ſaint Pol ſon frere, cette donation a eu ſon effet.

Il eſt certain qu'une donation univerſelle emporte neceſſairement la revocation de tous Teſtamens precedens, comme eſtoit celuy qui fait le Titre de Monſieur le Prince de Conty ; la donation dont il s'agit, avoit d'autant plus cet effet, qu'elle contenoit meſme une reſerve expreſſe par le donateur de diſpoſer dans la ſuite par Teſtament ; parce que cette reſerve induit ſeule la revocation des Teſtamens precedens.

La ſeconde revocation eſt celle portée par un Teſtament poſterieur, fait dans toutes les formes, dont l'effet ſe trouve eſtre au profit de l'heritier du ſang , ſans aucune charge de ſubſtitution, & qui contient meſme , clauſe de revocation de tous Teſtamens precedens.

Ces revocations devroient encore diſpenſer d'entrer dans un autre examen du Teſtament, qui fait le ſeul Titre de Monſieur le Prince de Conty ; parce qu'elles rendent ce Teſtament inutil & aneanti.

Auſſi ce ne ſera que pour faire connoiſtre dans le Public, que les efforts qu'on fait pour Monſieur le Prince de Conty, ſur la fauſſe idée d'un Teſtament ſubſiſtant , ſont abſolument inutils ; parce que quand ſon Titre auroit eſté ſubſiſtant & non revoqué, il n'auroit encore pû avoir d'effet, indépendemment de la caducité du pretendu fideicommis, par le predecés de l'heritier inſtitué & des ſubſtituez, indépendemment auſſi des autres

queftions qui s'agitent au Parlement de Paris fur ce Teftament, par rap-
port aux biens de France.

La Souveraineté de Neufchaftel ne fe peut leguer par Teftament, ni
tomber dans une infti̓tution d'heritier ; parce qu'il faut en cette matiere
faire une diftinction decifive entre les Teftamens, & les donations entre-
vifs, particulierement póur celles faites ou confirmées par des Contracts
de mariage : ce moyen important & particulier pour Neufchaftel eft
fondé fur trois reflexions.

1°. Il eft des premiers élemens dans le Droit commun de toutes les
Nations, que la difpofition des biens hereditaires & patrimoniaux, mefme
en general, eft infiniment plus libre par des Actes entre-vifs, principalement par des Contracts de mariage, que par des Teftamens, ou autres
difpofitions à caufe de mort.

La difference en eft effentielle.

Dans les Actes entre-vifs, faits dans le temps d'une liberté entiere d'efprit & dans une fanté parfaite, l'on n'eft point expofé aux impreffions,
aux fuggeftions & aux autres pieges, qui font prefque toûjours les caufes
des Teftamens.

L'on eft infiniment plus refervé à fe lier les mains par un Acte entre-
vifs qui eft irrevocable, & à fe dépoüiller de fon vivant de la proprieté
de fon patrimoine, plus encore quand c'eft une Souveraineté, puifqu'on
ne le fait qu'avec une profonde meditation, & aprés grande application
fur les confequences.

Il n'en eft pas de mefme d'un Teftament, on fait plus librement des
difpofitions à caufe de mort, & fans tant de circonfpection ; parce qu'on
les peut changer, & revoquer toutes fois & quantes par les reflexions
qu'on peut faire dans la fuite.

La qualité des biens hereditaires & patrimoniaux, contribuë auffi beaucoup à la difference des difpofitions entre-vifs & des Teftamens, quand
il s'agit de la difpofition des anciens patrimoines des familles.

Les preuves en font écrites dans les Loix de plufieurs Nations.

Le Droit commun de la France y eft conforme, parce qu'il eft public
que dans la Coûtume principale de ce Royaume, & prefque dans toutes
les autres des mefmes Eftats, à la referve de quelques Provinces, les anciens propres de famille font dans la difpofition des proprietaires pour le
tout, quand elle eft faite par des Actes entre-vifs ; & neanmoins l'on n'en
peut difpofer par Teftament que d'une tres-petite partie, d'un quint, d'un
quart, d'un tiers, & encore avec tant de circonfpections & de formalitez
fcrupuleufes & de rigueur, que l'on en a voulu extrémement gehenner la
difpofition.

Cette difference entre les difpofitions entre-vifs & les Teftamens, eft encore d'un plus grand poids dans l'efprit & dans l'ufage du droit de Neufchaftel ; parce que le Droit Romain, qu'on appelle ordinairement le Droit
écrit, qui avoit introduit ce pouvoir fans bornes des Teftateurs, ne regle
pas les difpofitions du Comté de Neufchaftel.

Le Conseil de la Ville de Neufchastel l'a souvent declaré par ses Attestations, mesme dans la Contestation pour la Souveraineté, entre Madame de Longueville & Madame de Nemours.

Le Comté de Neufchastel a ses Coûtumes particulieres, les unes écrites, les autres non ; mais toutes fondées sur l'Usage immemorial que les Comtes confirment, & dont ils promettent à leurs Sujets l'execution.

La seconde reflexion sur le Testament de Monsieur le Duc de Longueville, dernier decedé, & sur la substitution dont Monsieur le Prince de Conty veut appliquer l'effet à son profit, pour y comprendre la Souveraineté de Neufchastel ( qui n'y est point specialement exprimée ) est que les Souverainetez, quoyque patrimoniales & hereditaires, ne se peuvent donner par Testament, moins encore quand le Testament ne contient point de disposition speciale de la Souveraineté.

C'est vray-semblablement pour empescher la liberté de disposer par Testament de la Souveraineté de Neufchastel, que dans les Coûtumes de Neufchastel il y a un article exprés qui porte : *Il faut aussi bien aviser que par son Testament il ne soit rien disposé & ordonné qui puisse en aucune maniere déroger aux droits du Prince, ni alterer l'ordre de la nature.* En effet la disposition par Testament de la Principauté mesme, emporte une espece de dérogation aux droits du Prince, & à ceux de la Souveraineté.

Quoyqu'on puisse dire que la disposition de la Souveraineté par Testament, est un Acte de Souverain : que par l'institution d'un heritier étranger, le Prince ne donne point atteinte à la Souveraineté ; & qu'au contraire il fait valoir les droits du Prince, il faut prendre garde que cet Acte pretendu de Souveraineté, est fait pour avoir son effet, dans un temps que le Testateur cesse luy-mesme d'estre Souverain, puisque c'est aprés son decés qui éteint en sa personne tous les droits de Souveraineté.

Les Testamens n'ont d'effet qu'aprés la mort.

Ainsi la disposition que le Prince fait de sa Souveraineté par Testament au préjudice de son heritier legitime, & au profit d'une personne étrangere, est en effet une espece de dérogation aux droits de la Souveraineté du Prince, parce qu'il oste la Souveraineté à sa famille par une disposition à cause de mort, qui ne doit avoir effet que dans un temps qu'il n'est plus Souverain, & qu'il veut aneantir le droit du Prince son successeur, à qui la Loy défere la Souveraineté comme à l'heritier du sang, qui est saisi par la coûtume de la succession, & par consequent de la Souveraineté, & qui devient enfin le Prince Souverain dans le moment mesme de la mort du Prince son predecesseur.

Ainsi la disposition se trouve en effet déroger à son droit contre le texte de la Coûtume.

L'on peut encore dire, que cette disposition testamentaire de la Souveraineté faite au préjudice de l'heritier legitime, est une espece d'alteration de l'ordre de la Nature, dont parle la Coûtume de Neufchastel, c'est un autre obstacle à la disposition par les loix du Comté de Neufchastel, puisque cette disposition testamentaire de la Souveraineté oste aux heritiers

tiers du sang, & à une sœur heritiere de la loy, comme estoit Madame
de Nemours dans la succession de Monsieur le Duc de Longueville, dernier decedé, le droit de succeder à cet ancien patrimoine de ses Ance-
stres.

L'on ne peut obmettre sur ce point un endroit admirable qui se trouve dans Albertus Crantzius, en son Histoire de Danemarck, *lib. 2. Rerum
Danicarum cap. 3.*

Il s'éleve contre une pareille disposition faite d'une Souveraineté par
Testament, comme estant une chose tres-extraordinaire ; il parle de l'institution d'heritier faite par Haldanus, Roy de Danemarck & de Suede, au
profit de Hunguinus ; il dit, *Que la disposition testamentaire d'un Estat souverain
estoit un present sans exemple ; que c'estoit un droit si nouveau & extraordinaire, que
c'estoit une espece de prodige.* Les termes dans lesquels ils s'explique meritent
d'estre relevez.

*Unguinus Gothorum Rex erat quem Haldanus post se regni moderatorem in Dania
designavit Norvagiæ, Hasmundum impuberem filium relinquens, novum & antehac
incompertum munus testamento datum ; equidem ædes, agros, prædia, vineas & his
similia testamento dari audivimus : Regnum autem præstare cartæ beneficio, prodigii loco
habitum est.*

Au reste l'on ne peut opposer à la prohibition de disposer par Testament d'un Estat souverain, les exemples de ces anciennes Souverainetez
imparfaites & tributaires, dans lesquelles le Peuple Romain, qui se flat-
toit & avoit en effet usurpé une Souveraineté quasi universelle, se faisoit
instituer heritier par leurs Rois Tributaires, pour avoir occasion, sous ce
vain pretexte d'institution d'heritier universel, de s'emparer de plusieurs
Royaumes, & de les reduire en Provinces, *Populus Romanus bonorum meorum
hæres esto ;* parce que tous ces exemples fondez sur le desordre & sur la violence, sont absolument étrangers, & ne peuvent faire aucune consequence pour les Estats de Neufchastel, qui sont sujets à d'autres Loix &
à d'autres Coûtumes, & qui n'ont jamais voulu s'assujettir à la disposition du Droit Romain, contraire à la franchise & à l'indépendance de
leurs Usages.

Quand dans quelques Estats l'on pourroit soûtenir & faire valoir la disposition d'une Souveraineté patrimoniale, faite par un Testament solemnel, exempt de toute suspicion, cette institution d'heritier doit du moins
contenir une disposition expresse & speciale de la Souveraineté.

Et ce ne pourroit jamais estre dans l'espece dont il s'agit, quand le Testament est fait par un Prince hors l'étenduë de sa Souveraineté ; parce
que le Prince qui a son domicile en France, & de grands biens aussi en
France, n'est censé vouloir faire entrer dans son institution que les biens
qu'il a en France, sans y vouloir comprendre une Souveraineté qu'il a
hors de France, & dont il ne fait aucune mention par son Testament ;
moins encore quand il ne dit pas mesme, Qu'il donne tous ses biens en
quelques lieux & Estats qu'ils soient scituez.

La Souveraineté, quoique hereditaire & patrimoniale, est d'une si haute consequence, que quand on ne consideceroit que la nature particuliere d'un don auſſi precieux, elle merite du moins que par une prérogative ſinguliere, on l'exprime dans l'inſtitution d'heritier, & qu'un Titre de Souveraineté ne ſoit pas meſlé & confondu avec d'autres biens ſcituez dans un autre Royaume.

Encore ſi le Teſtament contenant une inſtitution d'heritier, eſtoit fait par le Souverain dans l'étenduë de ſes Eſtats où il ſeroit domicilié, & où il poſſederoit tous ſes biens, l'on pourroit dire que cette inſtitution d'heritier univerſel ſeroit auſſi pour la Souveraineté, qui eſt le principal patrimoine du Prince : Mais quand c'eſt un Prince demeurant dans l'étenduë d'une autre Souveraineté, qui y eſt attaché par les liens du ſang, par les grands biens qu'il y poſſede, meſme par des Titres de haute dignité, l'on ne peut pas ſe perſuader que cette Souveraineté ſcituée en d'autres Eſtats, faſſe partie de l'inſtitution d'heritier, dans laquelle il n'eſt cenſé vouloir comprendre que les grands biens qu'il avoit dans le Royaume où il eſtoit domicilié.

Il eſt encore plus impoſſible que dans le Teſtament qui fait le ſeul Titre de Monſieur le Prince de Conty, les Souverainetez de Neufchaſtel & de Valengin y ſoient compriſes ; cela dépend d'une obſervation importante ſur le temps auquel il a eſté fait.

Monſieur le Duc de Longueville s'eſtoit dépoüillé auparavant & dés l'année 1668. de ſes Souverainetez en faveur de Monſieur le Comte de ſaint Pol ſon frere ; cette donation particuliere avoit eu ſon effet.

Ainſi c'eſtoit dans le temps meſme que cette donation avoit ſon entiere execution, qu'avoit eſté fait le premier Teſtament contenant la pretenduë ſubſtitution au profit de Monſieur le Prince de Conty.

Il eſt donc impoſſible par l'intention évidente du Teſtateur, que les Souverainetez & Comté de Neufchaſtel & de Valengin fuſſent compriſes dans ſa ſubſtitution ; puis qu'elles n'appartenoient plus au Teſtateur dans le temps de ſon Teſtament, & qu'il les avoit auparavant donné entre-vifs, & ſans charge de ſubſtitution : ainſi il n'a jamais penſé à comprendre dans ſon inſtitution des biens qu'il n'avoit plus.

Quoy que depuis dans un cas funeſte, contre l'ordre de la nature & contre les vœux du Teſtateur, Monſieur le Comte de ſaint Pol ſon donataire ſoit prédecedé, & que par la clauſe de reverſion les Souverainetez & Comté de Neufchaſtel & de Valengin ſoient retournez à Monſieur le Duc de Longueville, ce ſeroit faire une extrême violence à ſa volonté, & aux regles ordinaires, de donner à la reverſion cet effet extraordinaire & ſans exemple, de comprendre dans un Teſtament precedent, ſous pretexte que le cas du retour eſt depuis arrivé, les Souverainetez données auparavant par un Acte entre-vifs, & dont le Teſtateur s'eſtoit luy-meſme dépoüillé par une donation irrevocable, & ſans charge de ſubſtitution faite auparavant le Teſtament qu'on pretend contenir le fideicommis au profit de Monſieur le Prince de Conty.

LA troiſiéme reflexion eſt, que dans la revolution des quatre Races des

Comtes de Neufchaftel, il n'y a jamais eu aucun Teftament portant difpofition du Comté de Neufchaftel au préjudice des heritiers du fang; que dans ceux qui ont efté faits par les Comtes de Neufchaftel pour aflocier dans l'inftitution d'heritier d'autres perfonnes que l'heritier legitime & de la Coûtume, l'inftitution d'heritier n'a point fubfifté ; en forte que l'on a toûjours fuccedé au Comté de Neufchaftel indépendemment du Teftament, & qu'il n'y a aucune poffeffion, ni aucun exemple de difpofition par Teftament du Comté de Neufchaftel au préjudice des heritiers du fang.

Ainfi la fubftitution faite par Teftament du Comté de Neufchaftel au préjudice de l'heritier legitime , eft non feulement extraordinaire, mais elle eft encore fans exemple.

C'eft cette propofition importante, que la difpofition par Teftament du Comté de Neufchaftel , ne peut avoir effet au préjudice de l'heritier legitime & *abinteftat*, qui fe trouve confirmée par un ancien Jugement rendu contre le Teftament de Loüis Comte de Neufchaftel, mort en 1373. quelque favorable que fût fa difpofition.

C'eft mefme le plus ancien veftige des Teftamens des Comtes de Neufchaftel.

Loüis de Neufchaftel n'avoit que deux filles, Ifabelle fa fille aînée, & de Jeanne de Monfaucon fa premiere femme; & Varenne fa fille puifnée, & de Catherine de Neufchaftel fa feconde femme.

Il les avoit inftituées par fon Teftament fes heritieres univerfelles, chacune pour moitié ; il avoit mefme dit; Que c'eftoit felon les Us & Coûtumes de Neufchaftel.

Les Eftats de Neufchaftel expliquerent quels eftoient les Us & Coûtumes de Neufchaftel, & deciderent que le Comte de Neufchaftel n'avoit pû en effet difpofer par Teftament du Comté au préjudice des heritiers legitimes ; en forte que Ifabelle de Neufchaftel, qui eftoit l'aînée, devant fucceder au Comté de Neufchaftel, l'inftitution d'heritier faite à fon préjudice par moitié au profit de Varenne fa fœur, ne devoit avoir aucun effet.

C'eft la raifon pour laquelle Varenne de Neufchaftel, qui avoit époufé Egon Comte de Fribourg, Landgrave de Brifgau, quoy qu'inftituée heritiere pour moitié, n'eut que la Chaftellenie de Landeron, qui n'eftoit qu'une petite partie du Comté, dont elle fut obligée de faire hommage à Ifabelle fa fœur aînée , qui avoit époufé Rodolphe, dernier Comte de Nidau.

Ainfi Ifabelle demeura Comteffe de Neufchaftel.

Voilà donc quels eftoient dés ce temps-là ( c'eft-à-dire il y a plus de trois fiecles ) les Us & Coûtumes de Neufchaftel.

Varenne de Neufchaftel Comteffe de Fribourg, ayant depuis voulu confirmer les franchifes des Bourgeois de Landeron, le 17. Juin 1373. en demanda le confentement à Ifabelle fa fœur aînée , comme feule Comteffe de Neufchaftel.

Les deux sœurs ayant eu dans la suite quelques contestations avec la Dame du Vergi.

Dans la Sentence arbitrale renduë par Philippes Duc de Bourgogne, pris par elles pour arbitre, Isabelle est qualifiée Comtesse de Neufchastel.

Si le Testament d'un Prince portant institution d'heritier pour moitié au profit d'une fille, n'a point eu d'effet au préjudice d'une autre fille qui estoit l'aînée, l'on en peut encore moins douter, quand il s'agit d'une institution d'heritier testamentaire faite au profit d'un étranger, au préjudice de l'heritier du sang.

Il est vray que dans la suite Isabelle de Neufchastel n'ayant point eu d'enfans, institua en 1395. son heritier Conrard Comte de Fribourg son neveu, & que Conrard fut aprés le decés de sa Tante Comte de Neufchastel ; mais ce n'a point esté en vertu de l'institution d'heritier, qu'il a esté Comte de Neufchastel, ç'a esté parce qu'il estoit l'heritier du sang dans la succession d'Isabelle.

Ainsi ce n'est point un exemple d'institution d'heritier faite par Testament au Comté de Neufchastel, au préjudice des heritiers legitimes, qui est le point qu'on agite.

L'on ne peut encore tirer aucun avantage d'un troisiéme Testament qui se trouve avoir esté fait en 1450. pour suivre l'ordre des temps dans les Comtez de Neufchastel par Jean Comte de Fribourg & de Neufchastel, fils de Conrard, aussi Comte de Fribourg & de Neufchastel.

Jean de Fribourg n'avoit point d'enfans, Rodolphe de Baden, Marquis de Hochberg, petit fils d'Anne de Fribourg sœur de Conrard, estoit l'aîné dans sa succession, & par cette raison son seul heritier dans le Comté de Neufchastel.

Ainsi quoiqu'il y eût une institution d'heritier par le Testament de Jean de Fribourg au profit de Rodolphe, Marquis de Hochberg ; ce n'a pas esté en vertu du Testament, mais bien plûtôt comme l'heritier legitime dans le Comté de Neufchastel par le decés de Jean de Fribourg, Comte de Neufchastel son oncle, que son neveu a recueilli à Titre de son heritier le Comté de Neufchastel.

Le Testament de Jean de Fribourg de 1450. n'est donc point encore un exemple d'une disposition par Testament du Comté de Neufchastel, au préjudice des heritiers legitimes & *abintestat.*



Jeanne de Hochberg Comtesse de Neufchastel, petite fille de Rodolphe de Baden, Comte de Neufchastel, qui avoit succedé à Jean Comte de Fribourg & de Neufchastel son oncle, avoit eu trois enfans.

Elle avoit eu le Comté de Neufchastel par le decés, & comme heritiere de Philippes Marquis de Hochberg, Comte de Neufchastel son pere, mort en 1503.

Elle avoit fait une disposition à cause de mort en 1539. aprés le decés de Loüis d'Orleans son mary, mort en 1515 de tous ses biens, & principalement du Comté de Neufchastel au profit de ses trois enfans masles, Claude d'Orleans depuis tué au Siege de Pavie en 1524. Loüis d'Orleans Duc

Duc de Longueville, & François d'Orleans Comte de Rothelin.

Elle ne deceda qu'en 1543.

Ce ne fut point encore en vertu d'aucun Testament qu'en 1543. le Comté de Neufchastel demeura aprés sa mort à François d'Orleans son petit-fils, mais parce qu'il estoit l'aîné de la Maison de Longueville par le predecés de Loüis d'Orleans son pere, mort en 1536.

Voila tous les Testamens faits par les Comtes de Neufchastel.

Par l'examen qu'on en vient de faire, il est évident que non seulement il n'y en a aucun fait au profit d'étrangers, estant tous faits au profit des heritiers présomptifs, mais encore qu'il n'y en a jamais eu aucun qui ait esté fait au préjudice des heritiers legitimes & *abintestat* du Comté de Neufchastel.

Ainsi il n'y a aucun exemple, il n'y a aucune possession de disposition par Testament faite du Comté de Neufchastel au préjudice de l'heritier du sang.

L'on a donc eu raison de dire, Que la disposition par Testament de la Souveraineté de Neufchastel, estoit non seulement extraordinaire, mais encore sans exemple, au préjudice de l'heritier *abintestat*.

La substitution contenuë au Testament de Monsieur le Duc de Longueville, dernier decedé, que Monsieur le Prince de Conty veut appliquer à son profit, & dont il veut étendre l'effet à la Souveraineté des Comtez de Neufchastel & de Valengin, resiste aux Loix de l'Estat de Neufchastel, & aux anciennes Coûtumes de cette Souveraineté; parce qu'il est d'une necessité indispensable pour la validité des Testamens dans le Comté de Neufchastel, & pour la disposition des biens de cet Estat, que l'heritier legitime & *abintestat*, au préjudice duquel on instituë un heritier étranger, soit precisément nommé, mesme qu'on luy laisse une portion des biens à Titre honorable d'institution, pour le recompenser du préjudice qu'on luy fait.

Le principe de Droit commun dans toutes les Nations, est que quand une personne a des biens en differens Estats, & qu'il en dispose, il est obligé pour la validité, & pour l'effet de la disposition de ses biens, de satisfaire aux Loix & aux Coûtumes de la scituation des biens qui sont dans l'étenduë de chacun des Estats.

Monsieur Cujas celebre Jurisconsulte, a posé ce principe dans sa Consultation troisiéme. *Si variis regionibus quæ non eodem jure reguntur quis possideat bona in ordinatione Testamenti, receptum est separanda esse bona, & pro varietate regionum variis etiam legibus testatorem obligari.*

Ainsi l'établissement de ce moyen dépend de deux propositions.

La premiere, que les Loix & anciennes Coûtumes de Neufchastel, sont également pour le Prince, & pour les particuliers ses Sujets.

La seconde, que cette necessité de la nomination précise de l'heritier *abintestat* dans le Testament qui luy préfere un étranger, & du délaissement de quelque portion des biens, mesme à Titre d'institution, est d'une observation inviolable dans les termes des Coûtumes de Neufchastel.

G

Les Coûtumes de Neufchastel doivent également estre suivies par le Comte de Neufchastel, soit pour le Titre de sa disposition, soit pour sa succession, soit pour tous les autres Actes qui regardent le Comte de Neufchastel, & autres possessions qui sont dans l'étenduë de la Souveraineté de Neufchastel.

Monsieur le Prince de Neufchastel a déja expliqué, que le Droit Romain n'estoit point la Loy suivant laquelle la Souveraineté de Neufchastel, qui ne reconnoît aucune superiorité ni en Armes ni en Loix, devoit estre reglé.

C'est un autre principe, qu'il n'y a point de Coûtumes particulieres qui reglent les successions ni la disposition de la Souveraineté de Neufchastel.

Quelle est la consequence de ces principes? C'est qu'il ne peut y avoir d'autres Loix ni d'autres Coûtumes que celles de Neufchastel, que le Prince jure d'observer inviolablement, écrites, & non écrites.

En effet la mesme Loy de Neufchastel qui rend les Sujets majeurs à dix-neuf ans, fait aussi que les Princes de Neufchastel n'ont d'autre regle de leur majorité.

Le Prince de Neufchastel est obligé de demander l'investiture dans les six semaines aprés le decés, comme les autres heritiers ou donataires ses Sujets.

Le mesme délay est également fatal pour les uns & pour les autres, suivant le Jugement rendu en 1552. contre la Reine d'Escosse, sans avoir égard à la prérogative de son rang ni de son sexe, ni à la protection puissante qu'elle avoit de la France, comme fille du Duc de Guise.

Les Estats de Neufchastel ont voulu faire connoître à toutes les Nations dans un exemple aussi celebre, leur indépendance du droit de Rome.

C'est aussi un autre principe, que dans tous les Estats où il n'y a point de Loy particuliere pour regler la Souveraineté, soit pour la disposition, soit pour la succession, on y suit les Loix & les Coûtumes établies pour les Sujets.

Mais comme l'usage & la possession est toûjours en ces matieres la regle Souveraine, il est certain que les Coûtumes generales de Neufchastel ont esté observées dans tous les temps pour la Souveraineté de Neufchastel, & que tous ses differends ont toûjours esté jugez par les mesmes Loix que ceux des particuliers, & par les mesmes Juges, qui font un serment de juger suivant les Loix du Païs.

Il y a encore trois preuves autentiques de la mesme proposition, que les Coûtumes de Neufchastel sont également pour le Comté de Neufchastel, soit pour la disposition, soit pour la succession.

La premiere & la plus ancienne regarde la disposition mesme du Comté de Neufchastel, elle est écrite dans le plus ancien Testament des Comtes de Neufchastel.

C'est celuy de Loüis de Neufchastel de 1373. dont il a esté parlé, parce qu'il avoit institué pour moitié ses deux filles ses heritieres, *selon les Us*

*& Coûtumes de Neufchaftel* ; ce font les termes dont il s'eft fervy, reconnoif-
fant en effet que fa difpofition teftamentaire eftoit abfolument fujette aux
Us & Coûtumes de Neufchaftel.

Mais comme les Us & Coûtumes de Neufchaftel ne peuvent autorifer
la difpofition teftamentaire du Comté de Neufchaftel, & qu'elles le déferent à l'heritier legitime, fans qu'on luy puiffe ôter par Teftament ; l'inftitution d'heritier qu'avoit fait Loüis de Neufchaftel à fes deux filles
pour moitié, n'a pas fubfifté, & Ifabelle fille aînée a eu le Comté de
Neufchaftel.

La feconde preuve regarde la fucceffion du Comté de Neufchaftel.

En 1551. aprés le decés de François d'Orleans Duc de Longueville, &
Comte de Neufchaftel par le decés de Jeanne de Hochberg fon ayeule,
le Comté de Neufchaftel eftoit contentieux en fa fucceffion entre trois
perfonnes: Marie de Lorraine, Reine d'Efcoffe fa mere, auparavant veuve de Loüis d'Orleans Duc de Longueville & Comte de Neufchaftel : Jac-
queline de Rohan, veuve de François d'Orleans, Marquis de Rothelin,
comme tutrice de Leonor d'Orleans, Duc de Longueville fon fils, coufin
germain du deffunt, & devenu l'aîné de la Maifon de Longueville ; &
Jacques de Savoye Duc de Nemours, comme heritier de Charlotte d'Orleans fa mere, tante du deffunt.

La Reine d'Efcoffe avoit voulu ôter la connoiffance de cette affaire à
Meffieurs des Cantons, & l'introduire au Parlement de Paris.

Mais Meffieurs des Cantons informerent le Roy Tres-Chreftien de l'é-
tat des conteftations.

Il eft important d'obferver la maniere en laquelle Meffieurs des Cantons s'expliquerent, pour faire connoître à Sa Majefté les principes qui
devoient decider l'affaire ; parce qu'ils difent qu'il s'agiffoit *du Droit & de
la Coûtume de Neufchaftel* : ce font les termes mefmes, qui préfuppofent que
la queftion devoit eftre decidée par la Coûtume de Neufchaftel, & par
confequent que c'eftoit cette Coûtume qui devoit regler la fucceffion du
Comté de Neufchaftel.

C'eft ce qui eft expliqué par Michel Stecler de Berne, dans la feconde
partie de fes Annales de Suiffe fol. 181.

Le Roy en connoiffance de caufe, aprés diverfes Inftances, ôta la connoiffance de cette conteftation au Parlement de Paris, & referva aux Par-
ties à fe pourvoir à Neufchaftel, où la Reine d'Efcoffe ne put faire réüffir
fa pretention.

La troifiéme preuve eft encore plus autentique, parce qu'elle eft forti-
fiée par le concours de la décifion des trois Eftats de Neufchaftel en
1672. & de celle de LOÜIS LE GRAND en 1674.

Cette preuve doit d'autant moins eftre fufpecte aux Contendans à la
Souveraineté de Neufchaftel, aprés le decés de Madame de Nemours,
que c'eft contre fon Alteffe Sereniffime qu'ont efté prononcées ces déci-
fions.

C'eft ce que juftifie le Jugement qu'ont donné les trois Eftats en faveur de Madame de Longueville, comme Curatrice de Monsieur le Duc de Longueville, dernier decedé, contre Madame de Nemours au mois d'Octobre 1672. parce qu'ils declarent que le Comté de Neufchastel appartenoit à Monsieur le Duc de Longueville par la Coûtume, en ces termes : *A qui seul il appartenoit par la Coûtume.*

C'est donc la Coûtume de Neufchastel qui doit regler la succession, & par consequent aussi les dispositions des Comtez de Neufchastel.

Cette décision a esté suivie par le Jugement arbitral que le Roy a bien voulu donner par ses Lettres patentes du mois d'Avril 1674. qui est en conformité des mesmes principes, & sur le fondement des Coûtumes de Neufchastel, Sa Majesté a declaré la proprieté de la Souveraineté & Comté de Neufchastel & de Valengin, appartenir à Jean-Loüis-Charles d'Orleans Duc de Longueville.

Il ne reste pour l'établissement de ce moyen contre le Testament, qui fonde le seul pretendu Titre de Monsieur le Prince de Conty, qu'à faire voir qu'il est contraire aux Coûtumes & à l'Usage de Neufchastel ; parce que Jean-Loüis-Charles d'Orleans, dernier Duc de Longueville, ne nomme point par ce Testament Madame la Duchesse de Nemours sa sœur & heritiere, & qu'il ne luy laisse aucune portion de ses biens à Titre d'institution ni autrement ; ce sont deux défauts essentiels.

Dans le Fait, il n'y a qu'à lire le pretendu Testament, il ne dit pas un mot de Madame de Nemours, qui y est entierement preterite.

Dans le principe de Droit qui consiste dans l'Usage & dans la Coûtume du Comté de Neufchastel, il est certain que tout Testateur est obligé de nommer ses heritiers *abintestat*, aussi-bien en ligne collaterale qu'en directe, & de leur donner quelque portion des biens, sans quoy le Testament ne peut subsister.

Les Attestations de l'observation de la Coûtume de Neufchastel à cet égard, des 27. Janvier 1581. 21. Aoust 1629. & 7. Mars 1660. en ont esté produits dans l'arbitrage que le Roy a bien voulu accepter sur les contestations, entre Madame de Longueville & Madame de Nemours.

C'est un article inviolable dans cette Coûtume, dont l'esprit est entierement contraire aux Testamens, & si favorable aux heritiers naturels, mesme en ligne collaterale.

Il ne faut pas douter que ce n'ait esté la raison pour laquelle dans l'ancien Testament de Loüis de Neufchastel de 1373. il avoit institué heritier aussi-bien Varenne sa fille puînée, qu'Isabelle son aînée ; & que pour satisfaire à la formalité du Titre d'institution, il avoit dit, *Selon les Vs & Coûtumes de ce Comté* ; ce qui fait connoître que les regles necessaires pour la validité des Testamens y sont écrites depuis long-temps, & qu'elles sont differentes du Droit Romain : mais parce que la disposition par Testament ne peut avoir lieu pour la Souveraineté au préjudice de l'heritier *abintestat*, le Testament au préjudice d'Isabelle ne put avoir d'effet.

Le mesme Usage est également pour les heritiers collateraux comme pour les directs.

C'a

C'a esté aussi sans doute la mesme raison pour laquelle Monsieur le Comte de saint Pol, qui estoit Comte de Neufchastel, a par son Testament declaré son heritiere Madame de Nemours pour satisfaire à cette formalité.

Cependant parce que son Testament ne contenoit pas de Titre particulier d'institution, mais une simple nomination ou declaration d'heritier par énonciation, sans institution particuliere ; les trois Estats de Neufchastel attachez scrupuleusement à l'observation de ce point de Coûtume, ont declaré par leur Jugement du mois d'Octobre 1672. rendu contre Madame de Nemours ; *Qu'il n'y avoit aucune apparence que Monsieur le Duc de Longueville son frere, ait eu intention de l'instituer son heritiere dans l Testament qu'elle a produit, n'y ayant qu'une simple énonciation, qui n'est accompagnée des formalitez requises pour une institution d'heritier.* Ce sont les termes de leur Jugement, qui font connoître l'observation exacte de cet Usage, non seulement pour la nomination de l'heritier, mais encore pour le délaissement de quelque chose à Titre d'institution, sous peine de nullité du Testament.

C'est pourquoy ils se sont servis de cette expression, que la declaration d'heritiere de Madame de Nemours, n'estoit pas accompagnée des formalitez requises dans une institution d'heritier.

C'est encore une preuve autentique de cette Coûtume, & de l'Usage inviolable de cette Loy.

Il faut ajoûter pour la preuve de cet article de Coûtume de Neufchastel, un ancien vestige qui se trouve dans la Coûtume de Bourgogne, redigée en 1459. & qui fait voir qu'il y a beaucoup de fondement à la conjecture des Curieux dans la recherche des anciennes Loix & Coûtumes, quand ils ont cru que celles de Neufchastel ont esté empruntées en partie des anciennes Coûtumes de Bourgogne.

L'on sçait que sur la fin de la décadence de l'Empire Romain, le Comté de Neufchastel fut sous la domination des Rois de Bourgogne, environ en 414. & que mesme par cette raison il est appellé, avec quelques autres Païs voisins, par les anciens Historiens la basse ou petite Bourgogne.

Les Temples les plus anciens de ce Comté, particulierement celuy de Neufchastel, ont esté fondez par les Rois de Bourgogne ; ce que justifie l'inscription qui se trouve au dessus du Temple, faite par la Reine Berthe, veuve de Raoul Roy de Bourgogne.

Ottobert issu des anciens Rois de France, fut Prince du Païs de Neufchastel.

Memphus environ 815. eut en partage les Comtez de Neufchastel & Valengin, & retint mesmes les Armes des anciens Rois de Bourgogne avec quelques changemens ; ce qui se reconnoît encore par les anciens Monumens de l'Eglise de Neufchastel.

Toutes ces remarques tirées de l'Histoire de Neufchastel, servent à faire connoître que les Coûtumes de Neufchastel ont vray-semblablement esté tirées en partie des anciennes Coûtumes de Bourgogne, entre lesquelles estoient ces anciennes servitudes personnelles & de main-morte,

H

dont Henry d'Orleans Duc de Longüeville & Comte de Neufchaftel, père de Madame de Nemours, a affranchy fes Sujets en 1617 en leur accordant encore d'autres grandes immunitez & privileges, dont ils font redevables à la Maifon de Longueville.

L'un des articles de cette ancienne Coûtume de Bourgogne, eftoit l'obligation aux Teftateurs de nommer precifément leurs heritiers *abintefiat*, mefme les Collateraux, & de leur laiffer une portion de leur patrimoine à Titre d'inftitution, à peine de nullité de leurs Teftamens.

Cette ancienne Coûtume s'eft confervée, & elle fe trouve encore écrite dans la Coûtume de Bourgogne, redigée par écrit en 1459. par l'autorité de Philippes Duc & Comte de Bourgogne, appellé le Bon Duc.

C'eft dans l'article 3. du chap. 7. des Succeffions, qui porte, *Vn chacun habile à faire Teftament & Ordonnance de derniere volonté, eft tenu de délaiffer à fes vrais heritiers fadite legitime ; eft à fçavoir la tierce partie de tous fes biens par droit d'inftitution, ou autrement ledit Teftament & Ordonnance eft nul.* Ainfi la preterition des heritiers en general, donnoit atteinte mefme en collaterale au Teftament fait à leur préjudice.

Auffi dans l'article precedent des mefmes Coûtumes, il eftoit dit ; *L'on ne peut exhereder fes vrais heritiers, que l'on ne leur délaiffe leur legitime, qui eft par Coûtume reputée la tierce partie des biens du trépafsé.*

Il falloit donc en Bourgogne ne pas oublier l'heritier mefme collateral, il falloit encore l'inftituer par droit d'inftitution, autrement le Teftament eftoit nul : & quand on l'auroit inftitué heritier dans quelque portion, ce ne pouvoit eftre moins que le tiers des biens.

Il eft vray qu'à l'égard de cette legitime des collateraux pour le tiers des biens, l'ancienne Coûtume de Bourgogne a efté reformée par un article ajoûté en 1570. mais comme cette reformation n'a efté faite que pour la nouvelle Bourgogne, afin de fe conformer au Droit Romain, qui n'a point efté receu à Neufchaftel, & qu'au contraire les Coûtumes de ce Comté fe font toûjours maintenuës dans leur ancienne vigueur, fans vouloir reconnoître l'Empire du Droit Romain, ni mefme apporter aucun changement à leur anciennes Loix, cette reformation de 1570. eft inutile, & ne peut eftre étenduë au Comté de Neufchaftel.

C'eft donc la Coûtume certaine de tous temps obfervée dans le Comté de Neufchaftel, qu'il faut non feulement nommer expreffément fon heritier *abintefiat*, mais encore luy laiffer quelque portion de biens à Titre d'inftitution.

D'ailleurs les Teftamens font d'une extrême rigueur dans l'Ufage & dans les Coûtumes de Neufchaftel, & pour les formalitez & pour le fonds; parce que le moindre défaut qui s'y rencontre, donne atteinte à toutes les difpofitions, & qu'il n'y a point de Nation dans laquelle l'on pratique plus inviolablement ce point de Coûtume, que qui manque dans une partie, manque dans le tout : *Qui cadit à fillaba, cadit à toto.*

LA caducité de la difpofition contenuë au premier Teftament de Jean-Loüis-Charles d'Orleans, dernier Duc de Longueville, dont Monfieur le

Prince de Conty tire tout son droit par le prédecés de Monsieur le Comte de saint Pol heritier institué, & de Madame de Longueville substituée vulgairement, est encore un autre moyen contre ce Testament, fondé sur les Coûtumes de Neufchastel., qui ont étably la nullité des dispositions à cause de mort par le prédecés des instituez & legataires : mais comme ce moyen de caducité n'est pas particulier pour les Souveraineté & Comté de Neufchastel & de Valengin, & qu'il regarde tous les biens de la succession de Monsieur le Duc de Longueville, aussi bien ceux qui sont en France que les Comtez de Neufchastel & de Valengin; parce que ce moyen de caducité est d'un droit commun & universel, Monsieur le Prince de Neufchastel ne fait que le proposer.

Il dira seulement ce qui est particulier pour Neufchastel, & que l'unique pretexte pour éluder cette caducité pour les biens de France, qui est la clause codicillaire écrite dans le premier Testament de Monsieur le Duc Longueville, dernier decedé, n'a point d'application aux biens de Neufchastel: que l'effet de cette clause, qui est de la seule invention du Droit Romain, & receu seulement dans les Estats, ou dans les Provinces soûmises à son Empire, ne peut estre étendu aux Souveraineté & Comté de Neufchastel & de Valengin, qui est un Païs purement coûtumier, contraire à l'esprit du Droit de Rome, & aux dispositions par Testament faites au préjudice des heritiers du sang, les Coûtumes qui sont le droit de l'Estat souverain de Neufchastel, ayant toûjours rejetté l'effet que Monsieur le Prince de Conty veut donner aux clauses codicillaires.

Mais il est encore plus impossible d'en étendre l'effet outré que Monsieur le Prince de Conty s'efforce de donner aux clauses codicillaires pour les biens de France, non seulement pour couvrir les défauts de formalité, contre lesquels le Droit Romain en avoit seulement introduit l'Usage, mais encore les défauts essentiels dans la substance mesme des dispositions, contre le veritable esprit du Droit mesme de Rome, qui en est le seul auteur.

C'est ce qui ne peut estre proposé dans l'Estat souverain de Neufchastel, qui estant un Païs purement coûtumier, ne peut estre assujetti à un droit si bizarre, pour faire valoir par des voyes indirectes & par une clause purement de stile, une disposition devenuë caduque, & aneantie par le prédeces des donataires, & par les défauts essentiels dans la substance mesme du Testament.

# Jnscriptions,

Du Tombeau de M. Rouïlle
De Meslay à Meslay en Beauce.

CE Tombeau Consiste En Une Masse Quarrée
De Pierres De Taille En Forme D'Ange Elevée De 4
Pieds Dans Le Cimetiere. M. De Meslay L'Avoit Fait
Construire Avant Sa Mort Et En Avoit Fait Graver
Luy Mesme Les Inscriptions. Il y A Eté Mis Couché
Et Habillé Dans Sa Robbe De Chambre En Son Corps
N'a Eté Recouvert Que Par De La Tere Qu'il Avoit
Fait Prendre Et Eparer Jusques Scrupule Dans Les
Champs Voisins.

Mirum Lumen

Gloriæ et Majestatis tuæ,

Et ea quæ ab Æterno parasti

Rectis corde et timentibus te,

Nobis largiri dignare,

Domine Omnipotens

Secundum voluntatem tuam

Et misericordiam Infinitam

Sur le derriere du Tombeau

Deo quid potui

Quam plura posteris feci

Vanum denique hoc opus

Foras inter pares

Cineribus nostris ponendum Jussi

Ego Eques Comes de Mestay &c

1706

Place des armes

Sur le frontispice du Tombeau

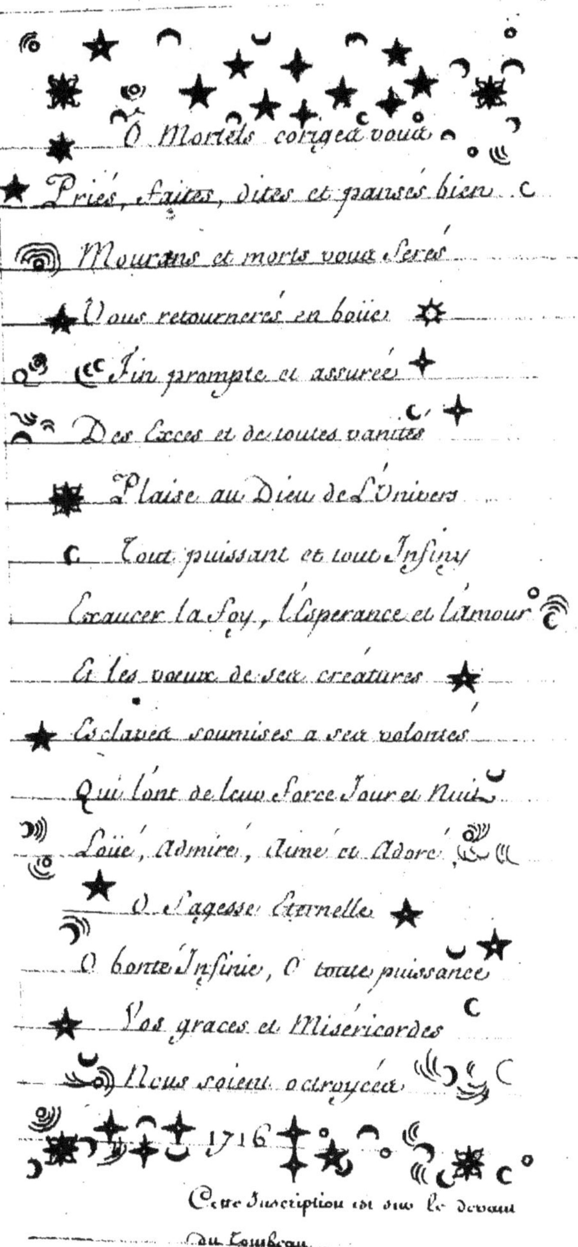


Ô Mortels corrigea vous

Priés, faites, dites et pansés bien

Mourans et morts vous Serés

Vous retourneres en boüe

Fin prompte et assurée

Des Excés et de toutes vanités

Plaise au Dieu de L'Univers

Tout puissant et tout Infiny

Exaucer la Foy, l'Esperance et l'Amour

Et les vœux de ses creatures

Esclaves soumises a ses volontés

Qui l'ont de leur Force Jour et Nuit

Loüé, Admiré, Aimé et Adoré

O Sagesse Eternelle

O bonté Infinie, O toute puissance

Vos graces et Misericordes

Nous soient octroyées

1716

Cette Inscription est sur le devant
du Tombeau